KAISERSTUHL

KAISERSTUHL

Andreas Färber
Stefan Krauss

ANSICHTEN UND EINBLICKE

G. Braun Buchverlag

Wyhl am Kaiserstuhl
Forchheim
Centr. Électr. de Marckholsheim
Limberg
Am Rhein
ENDINGEN am Kaiserstuhl
Wilhelmshöfe
Sasbach am Kaiserstuhl
Riegel am Kaiserstuhl
Bei Bahnstation Riegel-Malterd.
AS 59 Riegel
Königschaffhausen
Amoltern
Riedhöfe
Jechtingen
Leiselheim
Bahlingen am Kaiserstuhl
Kiechlinsbergen
Silberbrunnen
K A I S E R
S T U H L
AS 60 Teningen
Nimburg
Burkheim
Bischoffingen
Schelingen
Vogtsburg
VOGTSBURG am Kaiserstuhl
Oberbergen
Eichstetten am Kaiserstuhl
Niederrotweil
Oberrotweil
Bickensohl
Jägerhof
Bötzingen
Ober-schaffhausen
Neuershausen
Bottingen
Achkarren
Buchheim
Krebsm
Eichental
March
Blankenhornsberg
Samwasen
Neunkirch
Wasenweiler
Hugstetten
Batzenhäusle
BREISACH am Rhein
Gottenheim
Ihringen
Dachswangen
Umkirch
Im Galgenwinkel
Waltershofen
AS 62 Freiburg-Mitte
Centr. Électr. de Vogelgrün
Hochstetten
Merdingen

INHALT

MEHR NOCH ALS WEIN UND ORCHIDEEN

Vom Reichtum einer Kulturlandschaft

Linke Seite: Der im Mittelmeerraum beheimatete Bienenfresser, Sinnbild für die Sonderstellung des Kaiserstuhls

Will man den Kaiserstuhl charakterisieren, kommt einem unwillkürlich das Wort »Reichtum« in den Sinn – wenn irgendwo, dann hat es hier seinen richtigen Platz. Wer einmal im Abendlicht auf dem Ohrberg bei Schelingen gestanden hat, den Rücken des Badbergs, die im Tal liegenden Ortschaften, endlose Rebterrassen und die Silhouette der Vogesen vor Augen, der wird wissen warum.

Obwohl das kleine Gebirge in der Südwestecke Deutschlands an einem Tag zu Fuß durchquert werden kann, bietet es auf diesem begrenzten Raum ungeheuer vielfältige Eindrücke und eine Fülle an Besonderheiten, die sich andernorts oft nur vereinzelt antreffen lassen. Der Kaiserstuhl lockt Geologen und Vogelkundler, er zieht Orchideenliebhaber und Insektenforscher gleichermaßen an. Doch nicht nur Spezialisten werden hier fündig. Wanderer schätzen die Schönheit der Landschaft, sie lieben das weiträumige Zentrum mit der Blütenpracht seiner Wiesen ebenso wie die verträumten Hohlwege. Familienausflüge führen zum Rhein, wo man einfach die Schwäne bestaunen oder etwas über die Geschichte der Tulla'schen Korrekturmaßnahmen erfahren kann. Weintrinker freuen sich an den allgegenwärtigen Reben und an dem, was die Kaiserstühler daraus machen, ob nun bei einer Weinprobe in einer der Genossenschaften, den privaten Weingütern oder in einer der vielen Wirtschaften, die in den verstreuten Ortschaften zur Einkehr einladen.

Der vorliegende Bildband möchte zumindest einen Ausschnitt dieses außergewöhnlichen Reichtums präsentieren. Er lädt dazu ein, uns zu den schönsten Aussichtsplätzen zu folgen, mit uns auf den Wegen durch die Trockenrasen zu streifen, auf einer Bank in den Reben Platz zu nehmen oder in den einen oder anderen Weinkeller hinabzusteigen. Sicherlich erkennen Sie manches wieder, oder Sie entdecken es neu …

Seine Berühmtheit verdankt der Kaiserstuhl nicht zuletzt den Gesteinen, aus denen sein Grundstock aufgebaut ist. Ihre Entstehung ist spektakulär, und in weitem Umkreis ist nichts Vergleichbares zu finden. Tatsächlich ist es ein leibhaftiges Vulkangebirge, das sich mitten im beschaulichen Südbaden erhebt. Die wirklich aufregenden Zeiten liegen freilich schon eine Weile zurück: So um die 16 bis 19 Millionen Jahre ist es her, dass sich die Erdkruste an der sensiblen

Schnittstelle der beiden großen Bruchzonen Oberrheingraben und Bonndorfer Graben auftat, dass in der südlichen Oberrheinebene Lavaströme flossen und Ascheregen niederging. Übrig blieben die vulkanischen Gesteinsbildungen, die das Gebiet zu einem Eldorado für Geologen machen. Eine geologische Besonderheit ist auch der Löss, der später in den Eiszeiten den vulkanischen Grundstock überdeckte. Zwar findet er sich auch an anderen Hängen der Oberrheinebene, doch in der Vielgestaltigkeit der durch den Löss bedingten Landschaftsformen ist der Kaiserstuhl wiederum einzigartig. Der Löss wird daher nicht nur den Geologen, sondern auch den Wanderer begeistern. Er durchstreift kühle, geheimnisvolle Hohlwege, kratzt an dem eigenartigen Material herum und freut sich, wenn er ein Lösskindel findet, das im Löss »gewachsen« ist.

Oberhalb des Untergrunds, an seiner Oberfläche, wird die Sonderstellung des Kaiserstuhls erst richtig augenfällig. Hier findet sich eine mediterran beeinflusste Tier- und Pflanzenwelt, die ihresgleichen sucht. Schon allein der Orchideenreichtum zieht Scharen von Liebhabern an, die argwöhnisch vom Bienenfresser oder der Gottesanbeterin beäugt werden, Wesen, die man sonst allenfalls aus dem Urlaub oder aus Büchern kennt. Hier blüht der wunderbar duftende Diptam, und auf den warmen Felspartien sonnt sich bereits im zeitigen Frühjahr die Smaragdeidechse. Aber warum findet sich das alles ausgerechnet hier?

Der Kaiserstuhl liegt nicht nur im äußersten Südwesten Deutschlands, sondern noch dazu an einer klimatisch begünstigten Stelle. Eingebettet in die Rheinebene zwischen Schwarzwald und Vogesen genießt er den Vorteil, dass sich die meist von Westen kommenden Schlechtwetterwolken über den Vogesen abregnen. Auf ihrem weiteren Weg nach Osten lösen sich die Wolken auf, was dem Kaiserstuhl reichlich Sonne beschert. Erst über seinen Kuppen entstehen in der zum Aufsteigen gezwungenen Luft neue Wölkchen, die dann über dem Schwarzwald wieder an alter Stärke gewinnen. So ergibt sich eine West-Ost-Linie der Jahresniederschlagsmenge, die bei über 2000 mm am Vogesenkamm beginnt, am westlichen Kaiserstuhl unter 600 mm liegt, bis zu seinem Ostrand auf knapp 800 mm ansteigt und am Feldberg wieder 2000 mm erreicht. Zusätzlich wird die durch die Burgundische Pforte aus Südwesten in den Oberrheingraben einströmende mediterrane Warmluft direkt an die Hänge des Kaiserstuhls geleitet. Seiner Südwestecke bei Ihringen hat all das den Ruf eingebracht, der wärmste Ort Deutschlands zu sein.

Rechte Seite: Kaiserstühler Gold – reife Spätburgundertraube

Kein Wunder also, dass man sich am Kaiserstuhl oft in die Toskana versetzt fühlt. Olivenhaine wird man zwar vergeblich suchen, doch tatsächlich blühen hier die Obstbäume früher als im übrigen Deutschland. Und mehr noch als Kirschen und Zwetschgen profitiert eine weitere Pflanze von dieser klimatischen Gunst – die Rebe.

Fast könnte es scheinen, als sei der Kaiserstuhl nur deshalb an dieser besonderen Lage emporgewachsen, damit an seinen Hängen Weinbau betrieben werden kann. Von seinem bewaldeten Höhenkamm und den großflächigen Trockenrasen des Zentrums einmal abgesehen, ist er nahezu überall mit Rebstöcken bepflanzt. Mit 4185 Hektar Ertragsrebfläche (2007) ist hier Badens größtes Weinbaugebiet, fast überall bestimmt der Wein das Landschaftsbild. Es sieht ganz so aus, als würde es die Natur an diesem Fleckchen besonders gut mit ihren Bewohnern meinen, als müsse das Leben hier immer etwas leichter gewesen sein als anderswo. Das Gegenteil ist jedoch der Fall. Zumeist herrschte im Kaiserstuhl bittere Armut. Kriege, Missernten und Schädlingsbefall machten der Bevölkerung das Leben alles andere als leicht, die durch das hiesige Erbrecht bedingte Besitzzersplitterung kam erschwerend hinzu. Über Jahrhunderte hinweg änderte sich an dieser Lage nicht viel. Erst das 20. Jahrhundert brachte mit der Verwendung höherwertiger Rebsorten, der Bildung von Genossenschaften und Flurbereinigungen im größeren Stil einschneidende Veränderungen. In den 60er und 70er Jahren kam es zu einem großflächigen Umbau der Landschaft, bei dem ganze Teile des Kaiserstuhls sozusagen neu modelliert wurden. Im Zeichen steigenden Weinkonsums in Deutschland setzte man auf die Ausweitung der Rebfläche auf Kosten der früheren Mischwirtschaft. Wo möglich, wurden die zersplitterten Grundstücke und kleinen Terrassen zu großen Flächen umgebaut, die mit Ma-

schinen zu erreichen und zu bearbeiten sein sollten. Mancherorts schoss man damals übers Ziel hinaus. So manche Riesenböschung mag sich auch heute nicht recht ins Landschaftsbild fügen, und man ist um diejenigen Hohlwege froh, die erhalten geblieben sind. Neuere Flurbereinigungen werden daher besser an die vorhandene Landschaft angepasst, was oftmals in enger Abstimmung zwischen Winzern und Naturschützern geschieht. Letztlich nützt es allen, wenn Weinbau und Landschaftsschutz in ein vernünftiges Verhältnis gesetzt werden. Denn es steht außer Frage, dass die Flächen ökonomisch bewirtschaftbar sein müssen – sofern der Weinbau nicht als Folklore dienen, sondern den Winzern ein vernünftiges Auskommen ermöglichen soll. Ebenso unstrittig ist jedoch, dass der Wert einer Landschaft nicht lediglich unter dem Gesichtspunkt der Ertragsoptimierung betrachtet werden kann. Gerade am Kaiserstuhl zieht sie viele derjenigen an, die später mit einem Glas Burgunder auch die Schönheit dieser Gegend verbinden. Und nicht zuletzt ist sie Lebensraum der Pflanzen und Tiere, denen der Kaiserstuhl einen Gutteil seiner Attraktivität verdankt.

Kaum weniger vielgestaltig als die Landschaft, in die sie eingebettet sind, präsentieren sich die Ortschaften des Kaiserstuhls. Nicht nur ländlich geprägte Dörfer gibt es hier, sondern auch Marktstädte und -städtchen wie Endingen, Breisach und Burkheim, von dem die Gemeinde Vogtsburg das Stadtrecht übernommen hat. (Den Namen bekam sie allerdings vom kleinsten Weiler der zusammengefassten Teilorte, damit sich niemand der bekannteren übervorteilt fühlen konnte.) Die durch die Kaiserstuhlbahn erschlossenen Randgemeinden unterscheiden sich wiederum von den im Zentrum gelegenen, wobei sich am Ostrand Richtung Freiburg die meiste Industrie angesiedelt hat. Doch nicht nur die räumliche Lage bedingt Unterschiede. Am Kaiserstuhl gibt es ein bemerkenswertes Mosaik der Konfessionen: ein Ort ist evangelisch, der nächste katholisch, der hinter dem Hügel wieder evangelisch usw. Das hat seine Wurzeln in der früheren politischen Rivalität zwischen dem katholischen Vorderösterreich und der protestantischen Markgrafschaft Baden, die beide im Breisgau ihr Herrschaftsgebiet ausdehnen wollten. Die politischen Verhältnisse sind inzwischen geordnet, die konfessionellen Grenzen sind geblieben. So eng wie früher sind sie zum Glück nicht mehr – inzwischen soll es durchaus möglich sein, sich ins »andersgläubige« Nachbardorf zu verheiraten …

Die oft beschriebene »Insellage« des Kaiserstuhls inmitten der Oberrheinebene wird bei Inversionswetterlage besonders anschaulich, wenn die Kaiserstuhl-Insel aus dem Nebelmeer zwischen Schwarzwald und Vogesen emportaucht.

Die Gliederung des vorliegenden Buches folgt zwanglos der naturräumlichen, die sich durch den bewaldeten, hufeisenförmigen Kamm ergibt, der über die rebbestandenen Hänge hinausragt. Er trennt das Zentrum nach Norden, Osten und Süden deutlich von den außerhalb liegenden Gebieten ab. Im Westen bildet der Rhein, der vor seiner Bändigung unmittelbar an die Hänge des Kaiserstuhls heranreichte, die verbindende Linie. So ergeben sich fünf Kapitel, in denen die Bilder »für sich selbst sprechen«. Zwischen diese Kapitel sind Exkurse eingestreut, die in einleitenden Texten die vulkanische Entstehung, die Lössbedeckung, den Weinbau und die Trockenrasen vorstellen. Wer möchte, kann sie zusammenhängend lesen – so ergeben sie eine skizzierte Natur- und Landschaftsgeschichte des Kaiserstuhls, freilich ohne Anspruch auf Vollständigkeit. Vielleicht vermögen sie zumindest einen kleinen Einblick in die Vorgänge zu verschaffen, durch die unsere Kulturlandschaft ihr heutiges Gepräge erhalten hat: durch die Kräfte der Natur und die Arbeit der hier ansässigen Menschen.

Schließlich der Dank …

… an alle, die in der ein oder anderen Form Anteil am Entstehen dieses Buches hatten: fürs Lesen, fürs Zuhören, für interessante Gespräche bei einem Glas Wein, fürs Objektiv-Ausleihen, sorgfältigstes Korrekturlesen, wertvolle Tipps, kritische Anmerkungen, für Auf-dem-Bänkle-Sitzen und viel mehr.

Die Schönste? –
Im Kaiserstuhl wetteifern viele Blüten um diesen Titel. Gute Chancen hat die Kaiserstuhl-Anemone (*Anemone sylvestris*).

Im Süden des Kaiserstuhls schließt sich an die Rebterrassen die Rheinebene an, dahinter erheben sich die Schwarzwaldberge. Vor dieser Kulisse präsentiert sich Ihringen im Licht der untergehenden Sonne. Links im Bild der Lenzenberg, der ebenfalls eine begeisternde Aussicht bietet. Im Hintergrund über dem Kirchturm der Kandel, weiter rechts Freiburg mit dem Dreisamtal dahinter. Es markiert die Bruchzone des »Bonndorfer Grabens«, der sich am Kaiserstuhl mit dem Oberrheingraben kreuzt, was nicht unwesentlich zur Entstehung unseres kleinen Gebirges beigetragen hat (siehe Exkurs »Vulkane«).

IM SÜDEN

Ihringen, Achkarren und Wasenweiler
mit dem Liliental

Wasenweiler schmiegt sich im Südosten an die Hänge des Kaiserstuhls. Über dem Ort, in dem die kleinste der hiesigen Winzergenossenschaften organisiert ist, thront die Kirche, deren Inneres sich freundlich und hell gestaltet zeigt.

Das Liliental zwischen Wasenweiler und Ihringen ist für seinen Orchideenreichtum berühmt. Hier finden sich unter anderem das Schwertblättrige und das Rote Waldvöglein (*Cephalanthera longifolia*, links, und *Cephalanthera rubra*, oben). Unten ein seltener Fund, der Bastard aus *Orchis simia* und *Orchis anthropophora*.

Pyramidenorchis (*Anacamptis pyramidalis*) im Liliental (oben). Unten: Idyll in den staatlichen Forst-Versuchsanlagen.

Die Veränderliche Krabbenspinne ist in diesem Fall perfekt an den Baldrian angepasst, auf dem sie die Hummel erbeutet hat.

Anders als Wasenweiler gibt sich Ihringen vergleichsweise städtisch. Ob hier wirklich der wärmste Ort Deutschlands ist, wird sich erst über langfristige Messungen entscheiden lassen. Ganz schlecht stehen die Chancen aber bestimmt nicht …

In der Umgebung Ihringens durchwandert man Reben und schöne Hohlwege. Dabei kann einem auch ein Weinbergpfirsich (rechts oben) begegnen. Der ist nicht nur hübsch, sondern trägt auch ausgesprochen wohlschmeckende Früchte.

Zwischen Ihringen und Achkarren liegt der Blankenhornsberg mit dem gleichnamigen staatlichen Weingut, das einen schönen alten Keller beherbergt (links). Der südwest-exponierte Kessel (unten) hinter dem Gut soll einer der wärmsten Flecken im ganzen Kaiserstuhl sein. Im Südwesten finden sich an den Böschungen oft Unmengen des gelb blühenden Färberweids (*Isatis tinctoria*, ganz rechts), oft gemeinsam mit der Schwertlilie *Iris germanica* (rechts), einer der prächtigsten Blütenpflanzen im Mai.

Blick vom Winklerberg bei Ihringen nach Breisach und ins Rheintal mit den Vogesen im Hintergrund.

Die vulkanischen Kuppen rund um Achkarren tragen noch schöne Bestände der ans Mittelmeer gehörigen Flaumeichenwälder mit botanischen Kostbarkeiten wie dem Diptam (*Dictamnus albus*, links), dem Blasenstrauch (*Colutea arborescens*, rechts) und dem Blauroten Steinsamen (*Lithospermum purpurocaeruleum*, unten). Die Diptambestände am Büchsenberg locken nicht nur der Schönheit der Pflanze wegen – auch ihr Duft ist ein ganz besonderer.

Achkarren liegt eingebettet in eine mediterran anmutende Landschaft. Mit dem Schlossberg (oben) verfügt der Ort über eine der Kaiserstühler Spitzenlagen. Einen Besuch lohnt das Weinbaumuseum, das in der ehemaligen Zehntscheuer eingerichtet ist. In dem Gebäude mit sehenswerter Deckenkonstruktion erfährt der Besucher vieles über Rebsorten, Böden und aus der Geschichte des Kaiserstuhls.

DRUNTER – VULKANE UND MEER

Dass der Kaiserstuhl vulkanischen Ursprungs ist, war zwar lange Zeit umstritten, ist heute jedoch gesichertes Wissen und jedem bekannt, der schon einmal »Wein vom Vulkan« oder »Vulkanfelsen« gekostet hat. Wenn man mit diesem Gedanken – und vielleicht noch etwas Wein – im Hinterkopf von dem das Zentrum umgebenden Höhenzug hinabblickt, kann man sich recht gut vorstellen, am Kraterrand eines großen Vulkans zu stehen. Dieser Eindruck täuscht jedoch. Tatsächlich ist der Kaiserstuhl kein einzelner Berg, sondern eher ein Mosaik aus verschiedenen, im Wesentlichen vulkanischen Vorgängen.

Seine Entstehungsgeschichte führt uns etwa 50 Millionen Jahre zurück. Damals, im Eozän, begann die Herausbildung jener Landschaftsformen, wie wir sie heute im Südwesten Deutschlands vorfinden. Der für unseren Zusammenhang bedeutsamste Vorgang ist dabei die Einsenkung des Oberrheingrabens. Während Schwarzwald und Vogesen allmählich angehoben wurden, sackte zwischen ihnen die Erdkruste ein. Um bis zu 5000 Meter wurden die Gesteinsschichten zueinander versetzt, und sie werden es weiterhin – gelegentliche Erdbeben lassen die Südbadener spüren, dass dieser Prozess heute noch andauert. Zwischen den Hauptlinien dieser Verwerfungen gibt es noch eine Reihe kleinerer Bruchzonen und -stücke, die weniger weit abgesenkt bzw. herausgehoben wurden. Die meisten Erhebungen in der Oberrheinebene wie beispielsweise der benachbarte Tuniberg bestehen aus solchen ›Resten‹, die sozusagen stehen blieben. Auch Teile des Kaiserstuhls gehören dazu. Auf seiner Ostseite, jenseits einer Linie, die zwischen Endingen und Riegel beginnt und sich über den Kamm nach Wasenweiler hinunterzieht, besteht sein Untergrund aus Gesteinen der alten Meeresablagerungen, die vormals das ganze Gebiet bedeckten.

Mit dem in Nord-Süd-Richtung verlaufenden Oberrheingraben befindet sich unser Gebiet also in einer geologisch besonders unruhigen Zone. Doch damit nicht genug: Quer dazu zieht sich von Osten die Verwerfungslinie des Bonndorfer Grabens von den Hegauvulkanen quer über den Schwarzwald das Dreisamtal hinunter; wo er auf den Oberrheingraben trifft, ist die Erdkruste besonders schwach. Kein Wunder also, dass gerade hier aus dem Erdinnern glühend-flüssiges Gestein nach oben drang, das in mächtigen Eruptionen die Oberfläche durchbrach. Es folgte eine Phase reger vulkanischer Tätigkeit, die vor ungefähr 19 Millionen Jahren ihren Anfang nahm und vor etwa 16 Millionen Jahren zuende ging. In Feuer und Rauch, in vielen, zeitlich wie räumlich geschiedenen Ausbrüchen entstand der Kaiserstuhl.

Im Zentrum mit dem Badberg kann man tatsächlich den Eindruck haben, an einem Vulkan zu stehen – besonders wenn Rauchschwaden aufsteigen, die heute freilich menschlichen Ursprungs und von Arbeiten in den Reben verursacht sind.

Wie das Gebirge am Ende dieser Prozesse genau ausgesehen hat, lässt sich nur noch vage rekonstruieren. Fest steht, dass der Kaiserstuhl damals seine Umgebung bedeutend höher überragte. Danach begannen die Naturkräfte an ihm zu nagen. Was wir heute vor uns haben, ist nur noch der Rumpf des damaligen Vulkangebirges, abgeschliffen durch den Zahn von Jahrmillionen.

Linke Seite oben: Steinbruch beim Badloch. Das Massiv des Badbergs ist aus dem seltenen Karbonatit aufgebaut, dessen Entstehung den Geologen Rätsel aufgab. Es handelt sich dabei nicht um Lava, sondern um flüssige Gesteinsmassen, die bereits unter der Erdoberfläche wieder erkalteten. Erst durch die Erosion wurden sie freigelegt.

Linke Seite unten: Bizarre Vulkanfelsenlandschaft beim Blankenhornsberg oberhalb von Ihringen.

Rechte Seite: Besonders gut lässt sich der Kaiserstuhl-Vulkanismus am Limberg bei Sasbach studieren. Die Aufnahme oben zeigt den Steinbruch VII mit Limburgitlava links und Olivinnephelinit im rechten, rötlichen Teil. Unten links Limburgitlava in Steinbruch I, dazwischen ein Band mit Tuff. Rechts ein Fundstück aus Steinbruch VII, ganz unten eine Nahaufnahme des Limburgits, wenige Zentimeter breit.

Oben: Der alte Phonolith-Steinbruch in Niederrotweil und zwei seiner spezialisierten Bewohner: Rotflügelige Ödlandschrecke (*Oedipoda germanica*, oben) und Larve der Blauflügeligen Ödlandschrecke (*Oedipoda caerulescens*, unten; Hinweis R. Treiber).
Der Phonolith des Kirchbergs wurde als Befestigungmaterial abgebaut und bei der Rheinkorrektion sowie als Schotter für Bahngleise genutzt. Heute ist der Steinbruch Naturschutzgebiet.

Rechts: Vulkanische »Bombe«, bereits in der Luft erkaltete Lava. Gefunden am Bitzenberg.

Rechts: Heiße Felspartien sind etwas für Überlebenskünstler.

Unten: Die Kakteen am Vulkanfelsenweg beim Ihringer Winklerberg veranschaulichen vielleicht am besten, wieviel Wärme die südwestexponierten Vulkanböden des Kaiserstuhls speichern.

Zweimal Morgenstimmung: Unten versinkt der Vollmond bei Riegel, während bereits die Morgenröte über dem Kaiserstuhl dämmert. Rechts erhebt sich die Sonne hinter den Schwarzwaldbergen und mischt sich mit dem von Bötzingen aufsteigenden Rauch. Die Welt hält noch einen Augenblick inne, bevor das bunte Treiben des Tages beginnt.

DER OSTEN

Riegel, Bahlingen, Eichstetten,
und Bötzingen

Wahrzeichen Riegels ist die Brauerei, die malerisch unter dem Michaelsberg am Zusammenfluss von Elz und Dreisam liegt. Der Ort kann auf eine lange Geschichte zurückblicken. In der Römerzeit lag er am Schnittpunkt zweier bedeutender Verbindungswege – in Nord-Süd-Richtung durch die Engstelle zwischen Kaiserstuhl und den Emmendinger Vorbergen hindurch, ost-westlich an der Nordseite des Kaiserstuhls entlang zum Rhein. Ausgrabungen haben einen Tempel aus dieser Zeit zutage gefördert, bei dessen Resten die Nachbildung eines Kult-Steins zu bewundern ist (rechte Seite, oben): Der Gott Mithras tötet den Stier, aus dessen Blut sich die Erde regeneriert. Friedlicher gibt sich da der Engel an der heutigen Friedhofskapelle (rechte Seite, unten). Ganz rechts spiegelt sich die Riegeler Kirche im Wasser der Elz.

Bahlingen wartet im Ortskern mit hübschen Gässchen und viel Fachwerk auf. Auch außergewöhnlich viele und schöne der für den Kaiserstuhl typischen Hofeingänge mit Torbogen findet man hier. Es lohnt sich auf jeden Fall, einmal durch die Kapellenstraße zu schlendern. Dabei kommt man auch an dem Brunnen vorbei, der vor dem Rathaus vor sich hinplätschert.

Im Sommer setzt der Klatschmohn an vielen Kaiserstühler Böschungen leuchtende Farbtupfer, so auch bei Bahlingen. Oben: Oberhalb des Ortes öffnet sich hier der Blick auf den Feldberg, auf dem man bei genauem Hinsehen noch einen winzigen Schneeflecken entdecken kann. Unten: Im Wald zwischen Bahlingen und Schelingen sieht und riecht man ganze Teppiche des Bärlauchs.

Bahlinger Vorgarten-Idylle.

Links oben: In Eichstetten organisiert die Feuerwehr das traditionelle Scheibenschlagen – entsprechend groß ist das Feuer, das man bis weit in die Rheinebene hinein leuchten sieht. Beim Scheibenschlagen, das in den Wochen nach Fasnacht in vielen Kaiserstuhlorten stattfindet, werden glühende Buchenscheiben über eine Rampe ins Tal geschleudert, was allerdings nur selten so gut gelingt wie in diesem Fall.

Links unten: Am Ortseingang nach Eichstetten bildet diese Brücke mit der Dreisam eine malerische Szene – wenn man einmal von den Strommasten absieht ...

Rechts: Der Eichstetter Kirchturm

Der östliche Kaiserstuhl dient an vielen Stellen als Aussichtsterrasse auf die Rheinebene und den gegenüberliegenden Schwarzwald. Herausragend ist der Blick vom Turm auf der Eichelspitze – hier reicht der Blick vom Schweizer Jura über den Südlichen und Mittleren Schwarzwald bis hinauf zur Hornisgrinde. Links oben lugt hinter den Rebhügeln

Riegel hervor. In der Bildmitte links breitet sich Bahlingen aus, rechts liegt direkt unter uns Eichstetten mit dem Nimberg dahinter. Unten sind Bötzingen und Oberschaffhausen mit dem großen Phonolith-Steinbruch zu sehen, im Mittelgrund der Tuniberg, der sich weiter nach Süden erstreckt.

Bötzingen und Oberschaffhausen bilden zusammen eine Gemeinde. Im Bild oben die Kirche in Bötzingen, wo der abgebildete Storch zuhause ist. Rechts die Schule mit fast schon städtisch anmutender Architektur.

Die kleine Pestkapelle im Ortsteil Oberschaffhausen wirkt äußerlich unscheinbar, überrascht aber mit beeindruckenden Fresken (rechts unten und rechte Seite). Hier ist unter anderem der Teufel wirklich an die Wand gemalt.

Im Winter sitzt der Kaiserstuhl bei Inversionswetterlage häufig im Nebel, der in der Oberrheinebene liegt. Oft werden seine höheren Partien dann von der Sonne beschienen, wie links am Vogelsangpass zu sehen. Weiter unten kriecht der Nebel durch die Rebzeilen oberhalb von Bötzingen, das darin versunken ist.

Für die dem Kaiserstuhl im Osten vorgelagerten Seen bedeutet der Winter eine Ruhezeit vom regen sommerlichen Badebetrieb. So lässt sich an einem Januarabend in vollkommener Stille der Sonnenuntergang am Nimburger Baggersee genießen (rechts).

DRÜBER – DER LÖSS

Waren es spektakuläre und dramatische Vorgänge, welche die Geburt des Kaiserstuhls begleiteten – Hitze, brodelnde Vulkane und die berstende Erdkruste –, so ändert sich nun die Szenerie vollständig. Wir sind in der Erdgeschichte ein beträchtliches Stück vorangekommen, und Wind und Wetter haben unser ursprüngliches Vulkangebirge bereits gehörig gestutzt und ihm seine Grundform gegeben. Bitter kalt ist es geworden – die Eiszeiten haben Mitteleuropa fest im Griff. Große Teile der Alpen und die Höhen des Schwarzwalds tragen Gletscher, während sich unten in der Rheinebene eine Kältesteppe ausbreitet. In Tauperioden bringen gewaltige Schmelzwasser Gesteinsmassen aus den Gebirgen, insbesondere den Kalkalpen, mit sich und füllen damit die Ebene am Oberrhein. Verschwindet das Wasser, beginnt ein kalter Wind damit, das feine Material zwischen den Schottern aufzunehmen und mit sich fortzutragen. Im Windschatten der Hügel sinkt der Staub herunter, verfängt sich in der Vegetation und beginnt, den Kaiserstuhl mit einer Lössdecke zu überziehen, die im Laufe der Jahrtausende je nach den lokalen Windverhältnissen erhebliche

An vielbegangenen Wegen sind die Lösswände der Hohlwege mit Liebesgrüßen und Figuren aller Art verziert. Dieser Kopf grüßte am Eingang zur Eichgasse. Da Kunst im Löss naturgemäß vergänglich ist, wird er inzwischen verwittert sein.

Lösskindel, aus der Wand herauswitternd. Lösskindel bestehen aus Kalk, der beim Prozess der Bodenbildung zunächst gelöst, weiter unten aber wieder ausgefällt wird und teils bizarre Formen annimmt.

Viele Baumeister bearbeiten die Lösswände. Dieses etwa 2 cm lange Kunstwerk stammt von einer Wespe.

Folgende Doppelseite:
Lösslandschaft Kaiserstuhl, vom Badbergrücken aus betrachtet. Hinter dem Sohlental mit typischem »zirkusförmigem« Talabschluss liegen die kleinterrassierten Hänge zwischen Schelingen und Oberbergen.

Mächtigkeiten erreicht. In besonderen Lagen können sich angewehter und abgeschwemmter Löss bis zu 60 Meter hoch aufschichten. Unterbrochen wird dieser Prozess jeweils in den Warmzeiten, den Interglazialen. Dann setzt die Bodenbildung ein, wobei Kalk aus den oberen Schichten gelöst wird. Weiter unten verfestigt er sich wieder und bildet die bekannten Lösskindel – freundliche Gesellen, die aus der Erdgeschichte erzählen.
Erst dem Löss, der etwa 80 Prozent des kleinen Gebirges bedeckt, verdankt der Kaiserstuhl sein unverwechselbares Landschaftsbild. Auffällig sind die typischen Sohlen- oder Kastentäler, vor allem aber jene Oberflächenformen, die der Mensch der Lösslandschaft aufgeprägt hat: die Rebterrassen und Hohlwege, die dem Kaiserstuhl sein ganz eigenes Bild und seinen besonderen Charme verleihen.

Sandkastenspiele

Wie leicht sich der Löss bearbeiten lässt, kann man auf jeder Wanderung durch den Kaiserstuhl erfahren, wenn man ein Stückchen dieses weichen und eigentümlich kühlen Gesteins zwischen den Fingern zerreibt, und man kann es überall sehen: Unzählige Insekten graben Löcher hinein, Vögel brüten in den Lösswänden, und Füchse, Kaninchen und anderes Getier untertunneln den weichen Boden. Der Mensch tut es ihnen gleich und errichtet Vorratsräume, ja ganze Weinkeller. Außerdem eignet sich der Löss bestens für die Übermittlung von Botschaften, die kleine und große Kinder in die Wände ritzen.
Den Siedlern bot der Löss einen fruchtbaren, leicht zu bewirtschaftenden Boden, der zudem Feuchtigkeit speichert. Er ist jedoch, wenn er bearbeitet wird, anfällig für Erosion. Als die Bewohner damit begannen, die Bewirtschaftung auf die Hänge auszudehnen und diese zu roden, wurde das feine Material in die Täler geschwemmt. Zum Schutz gegen die Abtragung schufen die Kaiserstühler jene Terrassen, die so charakteristisch für die hiesige Landschaft sind. Ihre Anlage war mit vergleichsweise einfachen Mitteln möglich, da es dank der Standfestigkeit des Lösses kaum Mauern braucht, um die Wände abzustützen. In der Zeit bis zum Dreißigjährigen Krieg wurden die Kaiserstuhlhänge mit unzähligen Kleinterrassen überzogen. Mit modernen Maschinen lässt sich da freilich noch viel mehr ausrichten. Die in den 60er und 70er Jahren des 20. Jahrhunderts durchgeführten Flurbereinigungen zeigten, dass es nicht nur der Glaube ist, der Berge versetzt. In Umgestaltungen nicht gekannten Ausmaßes wurden Großterrassen modelliert, die teilweise wirken, als hätten Riesenhände sie geformt. Der Streit um den ökonomischen Sinn derart gewaltiger Eingriffe und die Bewahrung alter Kulturlandschaft wurde damals entsprechend heftig geführt. Heute wird in der Regel deutlich moderater verfahren. Die Großterrassen aber sind geblieben – als die vorläufig letzten Zeugen des Umbaus, den der Naturraum Kaiserstuhl durch den Menschen erfahren hat.

Die berühmten Hohlwege entstehen dadurch, dass durch das Befahren die Struktur des Lösses zerstört wird. Damit verliert er an Standfestigkeit und wird leichter weggeschwemmt. Im Lauf der Jahrhunderte tiefen sich daher die Verbindungs- und Zufahrtswege immer weiter ein. Früher war der Kaiserstuhl von einem Netz solcher Wege überzogen, die allerdings zum großen Teil den Umlegungen Ende des 20. Jahrhunderts zum Opfer fielen. Nichtsdestoweniger gibt es auch heute noch viele Hohlwege, die zu durchwandern ein besonderes Erlebnis ist. Rechts: Wie leicht der Löss am Grund der Hohlwege abgeschwemmt wird, zeigt sich nach jedem stärkeren Regenguss.

Oben links: Obwohl der Löss recht standfest ist, brechen immer wieder kleinere und größere Blöcke aus den Wänden der Hohlwege. Oftmals geschieht dies, wie im Bild zu erkennen, durch Wurzelsprengung; der Druck der dicker werdenden Wurzeln, die tief in den Boden hinabreichen, genügt hierfür.

Rechte Spalte: In den Lösswänden legen Mensch (oben) und Tier (Mitte) Lager oder Behausungen an. Sie lassen sich aber auch einfach als Sandkasten nutzen (unten).

Unten Mitte: Das Wasser arbeitet beständig daran, etwas Löss von den Wänden mitzunehmen, und schafft dabei sehenswerte Strukturen.

Bei Bickensohl finden sich einige der schönsten noch erhaltenen Hohlwege des Kaiserstuhls. Von diesem Verbindungsweg über den Bitzenberg öffnet sich der Blick nach Norden auf die Großterrassen bei Oberrotweil und die im Hintergrund liegenden Vogesen.

Das Zentrum des Kaiserstuhls mit Haselschacher Buck und Badberg, unten im Tal Alt-Vogtsburg. Im Hintergrund zeichnet sich klar die Kette der Vogesen ab, die im Februar noch schneebedeckt sind. Auch der Kaiserstuhl zeigt sich noch in gedeckten Farben, aber der Frühling ist hier nicht mehr weit. Auf einer Wanderung wird man schon das ein oder andere blühende Pflänzchen entdecken können.

IM ZENTRUM

Alt-Vogtsburg, Oberbergen, Bischoffingen, Oberrotweil,
Bickensohl und Schelingen

Kaiserstühler Frühling: An warmen sonnenexponierten Böschungen kann man schon recht früh im Jahr Smaragdeidechsen entdecken (linke Seite). Das Leberblümchen (*Hepatica nobilis,* unten) gehört zu den ersten Frühlingsblühern, wächst allerdings nur am Totenkopf oberhalb von Oberbergen. Später kommen die Maikäfer – seit einigen Jahren wieder in solchen Scharen, dass sie mit Spritzmitteln vom Hubschrauber aus bekämpft werden.

Links: Ihre Lage »Baßgeige« haben die Oberbergener in der modernen Architektur ihrer Winzergenossenschaft verewigt.

Rechts oben: Herbstliche Rebflächen an der Anhöhe über Oberbergen Richtung Kiechlinsbergen. Für Radfahrer ist der Anstieg dorthin eine Herausforderung, der sich hier die Teilnehmer der Regio-Tour 2008 stellen.

Eine Institution am Kaiserstuhl: Kellers »Schwarzer Adler« in Oberbergen (unten).

Rechte Seite, unten: Blick über Oberbergen und den Badberg hinüber zur Eichelspitze mit dem neuen Aussichtsturm. Dahinter zieht über dem Schwarzwald ein Gewitter auf.

Folgende Doppelseite: Kaiserstuhl im Winterkleid – ein seltener Anblick.

MILRAM

Beste Collection
Rotwein trocken
Deutschlands

22

Linke Seite: Sehenswert sind die Fresken in der Bischoffinger Kirche, die wieder freigelegt wurden. Eher weltliche Genüsse hält die örtliche Winzergenossenschaft bereit.

Unten: Der »Rebenbummler« auf sommerlicher Ausflugsfahrt bei Bischoffingen. Rechts: Typische Kaiserstühler Einkaufsgelegenheit.

Links: Blick über Oberrotweil von Norden aus, dahinter der Steingrubenberg. Oberrotweil ist der größte Ort der Gemeinde Vogtsburg und das Zentrum des inneren Kaiserstuhls. Oben: Die Michaelskirche in Niederrotweil. Unten: In der Rheinebene bei Niederrotweil, unmittelbar hinter den Reben, befindet sich mit der OGS einer der größten Vertriebe für Obst und Gemüse in Südbaden.

Bickensohl liegt in der abwechslungsreichen Hügellandschaft des südwestlichen Zentrums. Berühmt ist die Eichgasse, ein mächtiger Hohlweg, der sich (wie auf dem Bild links gut zu sehen) vom Ortsausgang zum Totenkopf hinaufzieht. Am Eingang zur Gasse sieht man außergewöhnlich große Lösskindel aus der Wand herauswittern. Auch die Chancen, einen Bienenfresser beobachten zu können, stehen bei Bickensohl nicht schlecht.

Bei Schelingen gibt es nicht nur neue und alte Rebterrassen, sondern auch besonders viele Trockenrasen. Im Vordergrund erstreckt sich der Ohrberg mit seinen Steinbrüchen, im Hintergrund der nördliche Teil des bewaldeten Kamms, der das Zentrum des Kaiserstuhls hufeisenförmig umschließt. Schemenhaft zeichnen sich am Horizont die Vogesen ab.

DRAUF – DER WEIN

Von wo aus auch immer man sich dem Kaiserstuhl nähert, von welchem Aussichtspunkt man auch den Blick schweifen lässt – überall ist unübersehbar, dass der Kaiserstuhl kein Stück unberührter Natur darstellt, sondern wesentlich eine Kulturlandschaft ist, die das Gepräge jahrhundertelanger menschlicher Arbeit trägt. Dabei dominiert eine Kulturform, welcher der Kaiserstuhl einen Gutteil seiner Berühmtheit verdankt: der Weinbau. Kaum ein Hang, an dem sich nicht die Rebzeilen entlangwinden, keine Ortschaft ohne Weingut oder Winzergenossenschaft, ohne Weinfest und ohne die kleinen, für die Arbeit in den Reben geeigneten Traktoren. Kein Zweifel – hier wird vom und für den Wein gelebt.

Es gilt als wahrscheinlich, dass bereits die Römer am Kaiserstuhl Reben kultivierten. Urkundlich verbürgt ist der Weinbau seit dem Jahr 769, als Reben in Bötzingen den Besitzer wechselten. Seine größte Ausdehnung erreichte er vor

Um sie dreht sich am Kaiserstuhl – fast – alles: die Rebe

dem Dreißigjährigen Krieg. Bis dahin wurden die vielen Kleinterrassen geschaffen, die lange Zeit das Landschaftsbild prägen sollten.
Der Krieg bedeutete einen verheerenden Einschnitt in der Entwicklung. Der Kaiserstuhl verlor etwa drei Viertel seiner Bevölkerung, die brachliegenden Rebflächen verfielen. Um wieder zahlungsfähiges Volk zu bekommen, siedelten Markgrafen und Habsburger Untertanen aus anderen Teilen ihrer Herrschaft an, insbesondere aus der Schweiz. Doch die Zeiten blieben schwierig. Im Kaiserstuhl zu leben, das war damals ein hartes Los.
Der Wein aus dieser Zeit war mit dem, den man heute eingeschenkt bekommt, kaum zu vergleichen. Die Abgabe des Zehnten brachte es mit sich, dass mehr auf Menge als auf Qualität geachtet wurde. Der herrschaftliche Wein kam zuerst auf den Markt, dann erst durften die Bauern ihren anbieten – wenn er denn überhaupt so lange haltbar war. Daher versuchten sie oft, ihre Trauben gleich auf dem Freiburger Markt zu verkaufen, um möglichst rasch irgendwelche Einkünfte zu haben.
Erst um die Wende vom 18. zum 19. Jahrhundert nahm der Weinbau einen erneuten Aufschwung. Wohlhabende Bürger, die sich im Unterschied zu den Winzern Investitionen leisten konnten, stellten interessante Versuche an: Neue, qualitativ höherwertige Sorten wurden eingeführt, und erstmals wurden auch Böden mit Reben bepflanzt, die man zuvor für völlig ungeeignet gehalten hatte. War bislang die Kultur auf die leicht zu bearbeitetenden Lössböden beschränkt gewesen, so begann man jetzt mit der Rodung von Vulkanverwitterungsböden. Die Ergebnisse waren vielversprechend. Allmählich begann der Kaiserstühler Wein, sich einen Ruf zu erwerben.
Die Lage der Weinbauern blieb dennoch schwierig. Schädlingsbefall führte zum Einsatz von arsenhaltigen Spritz-

Dreimal Kaiserstühler Lagen:
Hübsch anzuschauen, aber arbeitsintensiv sind die vielen kleinen Rebterrassen, die sich beispielsweise auf den flachgründigen Hängen bei Schelingen und Oberbergen erhalten haben (unten). Leichter geht die Arbeit auf den großflächig gestalteten Lössterrassen, wie hier zwischen Schelingen und dem Badberg zu sehen (links). Links unten der Ihringer Winklerberg, eine der Kaiserstühler Pionierlagen für den Weinbau auf Vulkanverwitterungsböden. Wenn Sie den richtigen Winzer finden, kann der Ihnen demonstrieren, dass die verschiedenen Böden deutlich verschiedene Weine hervorbringen, den richtigen Ausbau vorausgesetzt. Probieren Sie es einmal aus ...

mitteln; die daraus resultierenden Leberschäden wurden in den 30er Jahren des 20. Jahrhunderts als »Kaiserstuhlkrankheit« berühmt.
Insgesamt jedoch brachte das letzte Jahrhundert allmählich die Wende zum Besseren. Ab den 20er und 30er Jahren versuchten die Winzer, der Absatzkrise durch die Gründung von Genossenschaften zu begegnen. Die gemeinsame Organisation sollte dazu dienen, die neu gepflanzten modernen Qualitätssorten besser zu vermarkten. Schließlich trug die steigende Nachfrage nach dem Zweiten Weltkrieg zu einer deutlichen Verbesserung der Lage bei. Dementsprechend wurde bei den umstrittenen Flurbereinigungen der 60er und 70er Jahre (siehe im Exkurs zum Löss die »Sandkastenspiele«) der Anteil der für den Weinbau genutzten Fläche nochmals deutlich erhöht. Inzwischen stehen auf 42 Prozent des Kaiserstühler Bodens Reben. Heute weisen die »Strukturdaten zum Weinjahrgang 2007« des staatlichen Weinbauinstituts Freiburg für den Kaiserstuhl 4185 Hektar Ertragsrebfläche aus, das sind 27% des gesamten badischen Bestands. Auf 1640 Hektar (40%) steht Spätburgunder, auf den übrigen 60% fast ausschließlich Weißweinsorten, bei denen Müller-Thurgau sowie Grauer und Weißer Burgunder dominieren.

Eine Frühjahrswanderung durch den Kaiserstuhl lohnt schon allein der Weinbergsunkräuter (auch Begleitkräuter genannt) wegen, die bunte Teppiche zwischen den Rebzeilen ausbreiten. Neben Allerweltskräutern wie der Roten Taubnessel (*Lamium purpureum*) kann man auch Schönheiten wie den Dolden-Milchstern (*Ornithogalum umbellatum*, links) oder den selten gewordenen Acker-Gelbstern (*Gagea villosa*, oben gemeinsam mit dem Persischen Ehrenpreis *Veronica persica*) entdecken.

Unterschiedliche Bodenbearbeitung führt zu ganz unterschiedlichem Bewuchs. Die Weinbergs-Traubenhyazinthe (*Muscari neglectum*) zeigt eine eher traditionelle Bearbeitung an, die Löwenzahnbänder verraten, dass zwischen den Rebzeilen gemulcht wurde.

Noch heute ist die Lese großenteils Handarbeit, bei der jeder, der kann, mit anpackt. Mit der im Bild links gezeigten Sorgfalt kann der Vollherbster, der auch am Kaiserstuhl auf manchen Flächen zum Einsatz kommt, nicht ganz mithalten.

Oben: Kaffeepause nach harter Arbeit.

Im Weinbaumuseum von Achkarren bekommt man eine recht gute Vorstellung davon, wie mühsam früher die Arbeit im Weinberg und im Weinkeller gewesen sein muss. Im Bild ist eine einfache Anlage zur Befüllung von Flaschen zu sehen – ein bedeutendes Mittel für mehr Selbständigkeit, wenn man bedenkt, dass ansonsten der Wein offen an die Händler verkauft wurde und dementsprechend nicht lange haltbar war.

Nach der Lese wandern die Trauben bzw. der ihnen ausgepresste Saft über Zwischenstationen in Tanks oder Fässer, wo die Hefe den meist von Natur aus vorhandenen Zucker in Alkohol umwandelt. Der überwiegende Teil der Kaiserstühler Weißweine reift dabei in den modernen Edelstahltanks (hier in der WG Bischoffingen), während der Spätburgunder in der Regel im großen Holzfass (unten: Fässer der WG Königschaffhausen) ausgebaut wird. Man kann aber durchaus auch einmal einen Weißen bekommen, der zur Reife im Holzfass gelegen hat.
Im Bereich der guten und sehr guten Weine gewinnt der Ausbau im Barrique-Fass (folgende Seite) zunehmend an Bedeutung. Rote Spitzengewächse haben zumeist eines der kleinen Fässer von innen gesehen. Und auch bei Weiß- und Grauburgundern bringt das Barrique interessante Ergebnisse. Letztlich gilt auch hier: Probieren Sie, was Ihnen schmeckt!

Folgende Doppelseite: Sehenswert ist der tief in den Oberrotweiler Löss gegrabene Barrique-Keller von Wolf-Dietrich und Konrad Salwey.

Blend
SALWEY

Vor den Hängen, die natürlich auch an der Nordseite des Kaiserstuhls mit Reben bestanden sind, erstreckt sich eine weite und fruchtbare Ebene. Nach einem unterschiedlich breiten Saum von Kirschbäumen folgen heute ausgedehnte Maisfelder.

Manchmal haben sich, wie unten zu sehen, auch Kirschbäume innerhalb der Äcker halten können. Im Bildhintergrund rechts ist Endingen zu sehen, dahinter der Kandel, über dem sich ein Gewitter zusammenbraut.

DER NORDEN

Endingen, Amoltern, Königschaffhausen,
Kiechlinsbergen und Leiselheim

Endinger Narrenzunft 1782
FASNET 2008

Endingen, Stadt und Zentrum des nördlichen Kaiserstuhls, ist während der Fasnacht ganz in der Hand der Jockele (links). Das Treiben der bunten Narrenschar zieht Besucher aus der ganzen Umgebung an. Beschaulicher ist der Weihnachtsmarkt (unten). Schön herausgeputzt präsentieren sich die Häuser am Marktplatz (oben rechts).

Das Sträßchen, das zwischen Endingen und Königschaffhausen nach Amoltern abzweigt, endet im Ort – dahinter liegen nur noch die bewaldeten Hänge. Nach Amoltern gerät man also nicht zufällig. Doch der Abstecher lohnt sich, und das nicht nur zur Kirschblüte. Wer sich auf einen abendlichen Spaziergang durch die Reben begibt, den erwartet eine herrliche Aussicht.

Die »Sonne« in Amoltern, sehenswertes Haus und ein schönes Plätzchen zum Sitzen.

Blick über Leiselheim mit dem Gewann »Gestühl« im Hintergrund, das stolz mit einem überdimensionalen Holzstuhl markiert ist. Hier soll nämlich im Jahre 994 ein Gerichtstag Kaiser Ottos III. stattgefunden haben, von dem sich der Name des Kaiserstuhls herleitet.

Rechte Seite und Bild rechts: Auch im Kaiserstühler Norden gibt es noch einige schöne Hohlwege, wie diesen hier zwischen Endingen und Amoltern. Häufiger Schmuck der Hohlwege ist die Hundsrose (*Rosa canina*).

Unten: Die Amolterer Heide ist das älteste Naturschutzgebiet am Kaiserstuhl, sie wurde bereits 1939 unter Schutz gestellt. Genützt hat es ihr allerdings nicht viel – in den fünfziger Jahren wurden Reben gepflanzt und die übrigen Wiesen gedüngt, so dass von den Arten, die ursprünglich geschützt werden sollten, nicht mehr viele hier anzutreffen sind.

Links: Im Keller der Winzergenossenschaft Königschaffhausen

Wo die Ebene beginnt und der Anbau von Reben endet, breitet sich vor Königschaffhausen ein Meer von Kirschbäumen aus.

Über Kiechlinsbergen (unten) thront die Kirche, zu der dieser malerische Weg hinaufführt (rechte Seite, oben). Unten im Ort liegt neben der Winzergenossenschaft das alte Schloss (rechte Seite, unten).

Von der Anhöhe zwischen Riegel und Endingen erfasst der Blick den Kaiserstühler Norden bis zum Limberg hinüber.

ZWISCHENDRIN – DIE TROCKENRASEN

So sehr auch der Weinbau den Landschaftsaspekt am Kaiserstuhl dominiert – die meisten Besucher kommen einer anderen Attraktion wegen. Die Trockenrasen sind es, deren ungeheurer Artenreichtum wie ein Magnet auf Botaniker, Zoologen und Naturliebhaber wirkt. Bereits im Frühjahr pilgern am Wochenende ganze Scharen von Ausflüglern über den Badberg, um die ersten Küchenschellen zu begrüßen. Es folgen nach und nach die Orchideen, von denen am Kaiserstuhl 35 Arten vorkommen, davon 24 in den Trockenrasen. Die Farbenpracht im Mai sucht ihresgleichen, überall tummeln sich Schmetterlinge und seltenes Getier wie Schmetterlingshafte oder die Gottesanbeterin. Sonst eher im Mittelmeergebiet zu Hause, findet sie an den Südhängen des Kaiserstuhls

Nichts für Leute mit Spinnenphobie: Die Wespenspinne, groß und giftig gefärbt, ist im Spätsommer meist in Bodennähe anzutreffen.
Rechte Seite: Wer früh aufsteht, kann die in der Morgenkühle noch unbeweglichen Falter gut beobachten.

geeignete Lebensräume. Tiere und Pflanzen dieser Standorte sind oft hochgradig spezialisiert, müssen sie doch in Extremfällen Bodentemperaturen von bis zu 70 °C aushalten. Der mediterrane Charakter des Kaiserstuhls wird nirgendwo augenfälliger als hier.

Oftmals sind die Trockenrasen, die heute allesamt streng geschützt sind, als kleine Parzellen in die intensiv genutzte Landschaft eingestreut. Im Zentrum allerdings nehmen sie mit Badberg und Haselschacher Buck eine beträchtliche Fläche ein und ergeben ein ganz eigenes Landschaftsbild. Es scheint, als habe der Mensch, der sonst überall Reben oder Obstbäume gepflanzt hat, hier nichts zu tun gefunden und die Natur sich selbst überlassen. Das wäre jedoch ein ganz falsches Bild. Denn die große Masse der Trockenrasen verdankt ihre Existenz ebenso der Bewirtschaftung wie die Rebterrassen. »Reine Natur« stellen lediglich die wenigen echten Volltrockenrasen, die Xerobrometen, dar. An diesen heißen, flachgründigen Sonderstandorten, wo der Wald keine Chance hat, konnten viele der Kaiserstühler Besonderheiten überdauern, als die übrigen Hänge bewaldet waren. Die sonstigen Halbtrockenrasen (Mesobrometen) wurden erst von den Siedlern geschaffen. Sie rodeten den Wald, um Weide für das Vieh zu bekommen, das in erster Linie für die Gewinnung von Dünger gehalten wurde. Heute allerdings kommt der Dünger von der Industrie, und die Viehhaltung am Kaiserstuhl ist so gut wie verschwunden. Um zu verhindern, dass auf den Halbtrockenrasen wieder Wald entsteht, müssen daher die Flächen als Landschaftsschutzmaßnahme durch regelmäßiges Mähen offen gehalten werden. An bestimmten Stellen kommen dabei seit 2001 auch Ziegen zum Einsatz, die diese Aufgabe völlig entspannt erledigen.

Schönheiten der Trockenrasen: Links das Brand-Knabenkraut (*Orchis ustulata*), auf der rechten Seite von links oben nach rechts unten Helm-Knabenkraut (*Orchis militaris*), Bläuling, Sand-Fingerkraut (*Potentilla arenaria*), Kugelblume (*Globularia punctata*), Weiße Turmschnecke (*Zebrina detrita*) und Karthäuser-Nelke (*Dianthus carthusianorum*). Die hübschen kleinen Turmschnecken kann man an manchen Stellen in Unmengen an den Grashalmen hängen sehen. Sie klettern dort hinauf, um der Hitze in Bodennähe zu entgehen.

Die ausgedehnten Trockenrasen des Badbergs und drei ihrer Bewohner: Gottesanbeterin (*Mantis religiosa*), Feldlerche (*Alauda arvensis*) und Libellen-Schmetterlingshaft (*Libelloides coccajus*).

oben: Die Küchenschelle (*Pulsatilla vulgaris*), Frühjahrsschmuck der Trockenrasen

unten: geruhsame Variante der Landschaftspflege am Badberg

unten rechts: Das Sonnenröschen (*Helianthemum nummularium*)

Dem Schwalbenschwanz könnte man stundenlang zusehen, wie er auf den Anhöhen herumtanzt. Er ist vielleicht der schönste einer Vielzahl von Schmetterlingen, die in den Trockenrasen ihr Zuhause haben. Ein Stockwerk tiefer leben die ebenfalls in großer Zahl und allen möglichen Größen vertretenen Heuschrecken.
Rechte Seite: In Volltrockenrasen stehen Steppen-Wolfsmilch (*Euphorbia seguieriana*) und Feld-Mannstreu (*Eryngium campestre*), der im Spätsommer besonders auffällt.

Der Dingel (*Limodorum abortivum*, links) ist ebenso prächtig wie selten. Begehrte Objekte vieler Orchideenfreunde sind die Ragwurz-Arten, von denen es am Kaiserstuhl vier gibt. Oben die Hummel-, unten die Spinnen-Ragwurz (*Ophrys holoserica und O. sphegodes*). Rechte Seite: Bocks-Riemenzunge (*Himantoglossum hircinum*) mit Besuch.

Im Westen enden die Hügel des Kaiserstuhls am Rhein, der früher mit seinen Armen bis an die Ortschaften heranreichte. Seit der Rheinkorrektion durch Tulla im 19. Jahrhundert führt der Lauf des gebändigten Stroms hinter Breisach vom Kaiserstuhl weg, den er dann am Limberg bei Sasbach wieder erreicht. Dazwischen liegen die Auwälder, doch ist man auch von Burkheim oder Jechtingen aus schnell am Rhein, um den Sonnenuntergang zu bewundern. Auf der rechten Seite der Rhein unmittelbar beim Burkheimer Baggersee, zu dessen Werk die Verladeeinrichtungen gehören.

DEN RHEIN HINAUF

Von Breisach über Burkheim und Jechtingen
nach Sasbach

Unser letzter Abschnitt beginnt im nächtlichen Breisach. Streng genommen zählt es gar nicht zum Kaiserstuhl, obwohl seine Hügel ebenfalls vulkanischen Ursprungs sind. Faktisch bildet es das Zentrum der Region, nicht nur wegen des Badischen Winzerkellers, in dem ein erheblicher Teil der Kaiserstühler Trauben landet. Über der unmittelbar am Rhein gelegenen Grenzstadt thront das Münster. Unter dem Münsterberg reift in den endlosen Gängen der Geldermann-Kellerei Sekt heran, in unzähligen Flaschen, die alle nach dem Champagnerverfahren von Hand gerüttelt werden.

0761
18.480 l

In Burkheim verkündet noch der Nachtwächter, wann anständige Bürger sich ins Bett zu begeben haben. Auf seinen Rundgängen weiß er vieles zur Geschichte des mittelalterlichen Ortes zu erzählen. Der häufig anzutreffende Doppeladler (rechte Seite) verrät, dass wir uns hier auf ehemals vorderösterreichischem Gebiet befinden.

Das pittoreske Städtchen übt einen besonderen Reiz auf Künstler und Kunsthandwerker aus, die hier mit vielen Ateliers vertreten sind. Seine malerischen Gassen bilden die ideale Kulisse für den Burkheimer Künstlermarkt, der zahlreiche Besucher aus der ganzen Region anzieht.

rechte Seite: Burkheimer Fenster (Aufnahmen und Collage: Gabriel Schropp)

Rheinauen-Idyll zwischen Burkheim und Jechtingen.
Die Auenlandschaft am Westrand des Kaiserstuhls dient den Gemeinden als Erholungs- und Freizeitgebiet. Anders als südlich von Breisach, wo durch den Bau des Rhein-Seitenkanals nach dem Ersten Weltkrieg der Grundwasserspiegel in der alten Aue dramatisch gesunken ist, konnte sich hier der auf das Wasser angewiesene Auwald dank der sogenannten »Schlingenlösung« weitgehend erhalten: Dabei wird lediglich auf einer Teilstrecke ein Kanal mit abschließendem Kraftwerk neben dem alten Flussbett angelegt und gleichzeitig dort das Wasser zurückgestaut, sodass der Grundwasserspiegel nicht zu stark absinkt. Heute ist diese Auenlandschaft durch Projekte zum Hochwasserschutz im Rahmen des »integrierten Rheinprogramms« bedroht. Wieder einmal gilt es, technokratische Vorstellungen, ökologische Überlegungen und Bewahrung der Landschaft unter einen Hut zu bringen. Hoffen wir, dass das Ergebnis nicht den Verlust solcher Plätze bringt!

Die Ortsdurchfahrt durch Jechtingen bietet sehenswerte Fassaden und Fachwerk. Unten sonnt sich der Ort im letzten Licht eines Herbsttages.

Am Limberg bei Sasbach endet unsere Rheinfahrt. Der nördliche Ausläufer des Kaiserstuhls birgt nochmals auf kleinstem Raum so vielfältige Eindrücke, dass man ihn fast schon als Miniatur des Kaiserstuhls bezeichnen könnte. Auf dem vorbildlich angelegten Lehrpfad gelangt man vom Rheinufer über die Auen durch Flaumeichenwälder, vorbei an Steinbrüchen mit Vulkangestein hinauf zu den Rebflächen und Resten einer alten Keltensiedlung. Zudem bietet der Limberg hervorragende Ausblicke in den Breisgau, auf den Schwarzwald, die Vogesen und den nördlichen Kaiserstuhl. Auf der linken Seite Impressionen vom Rheinufer, rechts unten der Limberg mit dem großen Steinbruch an der Südseite.

Ein Frühjahrsausflug an den Limberg gehört zum Schönsten, was der Kaiserstuhl zu bieten hat. Neben der landschaftlichen Schönheit findet man hier seltene und seltenste Pflanzen wie den Seidelbast (*Daphne mezereum,* oben), die Nieswurz (*Helleborus foetidus,* oben rechts), den Zinnoberroten Kelchbecherling (*Sarcoscypha coccinea,* unten) oder gar das weiße Veilchen (*Viola alba,* linke Seite).

Folgende Doppelseite:
Abendlicher Blick auf Sasbach vom Aufgang zum Lützelberg aus.

Andreas Färber und Stefan Krauss, Jahrgang 1966 und 1967, leben in Emmendingen und Hinterzarten. Den Kaiserstuhl durchstreifen sie seit über 20 Jahren, als sie in Freiburg gemeinsam Philosophie studierten. Nach *Schwarzwald – Ansichten und Einblicke* legen sie hier ihren zweiten Bildband mit eigenen Natur- und Landschaftsaufnahmen vor.

G.BRAUN BUCHVERLAG
G. Braun Buchverlag
Karlsruhe
www.gbraun-buchverlag.de

Reihenlayout: Steffen Harms

Layout und Repro:
Andreas Färber und Stefan Krauss
post scriptum, www.post-scriptum.biz

Fotografien:
Andreas Färber und Stefan Krauss
Seite 80 oben links, Seite 106 oben und Seite 117: Gabriel Schropp

Texte: Andreas Färber

Grundlage der Karte auf Seite 4:
Topographische Karte 1 : 100 000 Baden-Württemberg, © Landesamt für Geoinformation und Landentwicklung Baden-Württemberg (www.lgl-bw.de) vom 18. 9. 2009, Az.: 2851,2-A/941.

Druck: Bosch-Druck, Landshut

ISBN 978-3-7650-8386-0